SAINDO DO ZERO...
Como se começa uma empresa.

FRANZ LISZT MAC DOWELL

1º Edição

Rio de Janeiro

Edição do autor

2018

Uncle Mac Books

Copyright©2018 - Franz Liszt Mac Dowell

CATALOGAÇÃO NA PUBLICAÇÃO - CIP

Saindo do zero... – Como se começa uma empresa.

Franz Liszt Mac Dowell

ISBN: 9781728732831

1º Edição - 2018 - Rio de Janeiro – Uncle Mac Books

1. Administração de empresas 2. Negócios 3.Empreendedorismo 4. Planejamento

Setembro/2018

Todos os direitos desta edição reservados à
Uncle Mac Books
MD Brasil Negócios Eireli.ME.
contato@mdbn.com.br

Proibida a reprodução total ou parcial desta obra, de qualquer forma ou por qualquer meio eletrônico, mecânico, ou processo de fotocópia, sem permissão expressa do autor.

Apesar de todas as formas de verificação feitas para checar as informações contidas neste livro, não é responsabilidade do autor, nem do editor, quaisquer erros, omissões ou interpretações contrárias ao tema aqui contido. Assim como ações e resultados obtidos pelo leitor através da leitura deste material. O leitor é responsável por suas próprias ações e compreensões. Os conselhos contidos neste livro são para adultos acima de 18 anos e não para menores de idade.
Quaisquer menções a indivíduos ou marcas são meramente ilustrativas.

O AUTOR

" Sempre vai haver pessoas que querem que você desista. Não facilite nunca o trabalho para elas... "
Mac Dowell

Hoje estou empresário, coach e escritor. E digo estou e não sou, porque um fato que a vida me ensinou, é que tudo é transitório. Vindo de uma família de classe media. Comecei a empreender com 14 anos e a medida que fui crescendo fui buscando outras formas de arranjar aquele dinheirinho necessário para comprar os meus sonhos ... Na padaria.

Desde cedo, entendi que quando não se tem dinheiro no bolso. Precisa-se ter mais ideias na cachola e não ter medo de arriscar. Mas também, aprendi a duras penas, que arriscar sem planejamento é certeza de fracasso. Meu objetivo aqui é este. Te passar alguma experiência para que erre menos.

Empreender é isso. As vezes dá muito certo e as vezes dá muito errado. O que não pode nunca mudar é a certeza de que você vai vencer.

Acredite sempre em você, sempre...

AGRADECIMENTOS

" Minha gratidão e o meu respeito por todos aqueles que de algum modo me ajudaram a chegar até aqui."
Mac Dowell

A Lúcia Maria, minha mãe, que sempre me incentivou a ir em frente, sem medos.

Aos meus filhos Leonardo e Eduardo. Que sempre foram a minha fonte de incentivo para fazer mais.

A Mateus Moura, pela amizade e apoio.

A Maria Eugenia e Laura Maria que muito me apoiaram no início de minha carreira como empresário.

Aos meus muitos mestres, que tijolo a tijolo, construíram a pessoa que sou hoje.

SUMÁRIO

PREFÁCIO 8
INDO PARA A GUERRA 9
QUAL É A IDADE PARA SER UM EMPRESÁRIO? 12
O QUE PRECISO SABER? 14
EMPREENDER É MUITO ARRISCADO? 16
BOTANDO A CUCA PARA FUNCIONAR 28
CAPITAL PARA ABRIR UM NEGÓCIO 33
CAPITAL DO NEGÓCIO E PESSOAL 35
SEU SALÁRIO 37
ARREGAÇANDO AS MANGAS 38
O PLANO DE NEGÓCIOS 40
ORGANIZANDO A EMPRESA 71
COMEÇANDO DE CASA 78
MÃOS A OBRA 83
ESCRITÓRIO COMPARTILHADO 88
EMPRESA NÔMADE 90
USANDO COWORKING 92
OFICINAS / INDÚSTRIA 94
QUIOSQUES 95
LOJAS 96
FRANQUIAS 97
CHEGAMOS AO FIM? 100
ANEXO – SIMPLES NACIONAL 101

PREFÁCIO

*" Existe muito em que pensar!
Mas nada com que se preocupar! "*

Matt Koepke

Muitos motivos levam uma pessoa a entrar nesta vereda de empreender. Seja uma ideia inovadora, a descoberta de um nicho de mercado pouco explorado ou a pura necessidade de sobreviver, por motivo de desemprego.

Mas iniciar uma empresa é sempre uma mistura de excitação com um medo danado de dar errado. Nestas próximas páginas vamos percorrer cada pedacinho desta coisa que é começar uma empresa. Vou tentar te orientar com exemplos simples que possam ser adaptados ao seu novo negócio. O importante agora é que preste atenção em cada detalhe, analise e tire as suas conclusões. Da mesma forma que cada um de nós é único. Cada pessoa tem um jeito próprio de tocar o seu negócio. Encontre o seu, mas não queira criar a roda. Existem certos processos que são universais e que se feitos de forma errada, vão te dar um prejuízo danando. Pode mexer na receita, mas cuidado para não desandar.

INDO PARA A GUERRA

" O salgueiro nas tempestades, se dobra para não quebrar, e assim resiste a aquela e a todas que virão..."
Mac Dowell

Imagine que hoje você foi convocado para ir a guerra. O que acha que aconteceria com você?

Se você já assistiu a um filme de guerra. A história sempre começa do mesmo jeito. O mocinho da história recebe uma carta do governo ou vai voluntariamente a uma junta de alistamento e se alista. Depois e levado para um quartel para ser treinado. Então, recebe um uniforme e uma arma. Neste quartel, faz alguns amigos e come o pão que o diabo amassou em um treinamento exaustivo. Na cena seguinte já está o nosso herói junto com o pelotão saltando de paraquedas ou desembarcando em alguma praia longínqua. Nestes primeiros momentos da guerra, o filme mostra o pelotão sendo dizimado pelo fogo inimigo. Veja que agora não importa o treinamento, a força ou tamanho do sujeito. Fica parecendo que para se manter vivo é tudo uma questão de sorte. Mas não é...

Você já observou que os que morrem primeiro, são sempre os que se jogam de qualquer forma sobre o inimigo?

Ou seja, quem se expõe muito, corre maior risco de levar um tiro. Você também vê nestes filmes que nem todo mundo aguenta a pressão psicológica do stress extremo que um evento destes faz em uma pessoa. O sujeito pode até não morrer ou ficar ferido. Mas a cabeça dele, nunca mais será a mesma.

A mesma coisa acontece em uma empresa. Quanto mais frágil for a sua posição. Maiores são as suas chances de ser destruído. Portanto quem deseja se tornar um empresário, precisa estar preparado mentalmente, fisicamente e também financeiramente.

A primeira coisa que você precisa treinar para enfrentar esta guerra chamado mercado é a sua mente. Uma característica de todo empresário ou empresária é a resiliência. Este termo foi emprestado da física. Segue a definição.

Resiliência - substantivo feminino

Física - propriedade que alguns corpos apresentam de retornar à forma original após terem sido submetidos a uma deformação elástica.

Sentido figurado - Capacidade de se recobrar facilmente ou se adaptar à má sorte ou às mudanças.

Ou seja, você precisa estar preparado para as dificuldades inerentes ao ato de empreender. Todos os dias você vai passar por alguns momentos de stress. Cabe a você aprender a lidar com isso de forma a não ficar esgotado mentalmente. Precisa também cuidar do seu corpo. Procurar se exercitar e curtir a vida que você tem agora e nada de ficar fazendo intermináveis serões dentro da empresa, por achar que assim vai vencer mais rápido. Acredite, não vai. Seu corpo e sua mente possuem limitações que quando rompidas podem lhe trazer sérios problemas de saúde. Do que adianta ganhar muito dinheiro se você pode morrer de estafa. O segredo é ter equilíbrio em tudo o que se faz. Lembre-se:

"Mortalha não tem bolso e caixão não tem gaveta."
Portanto, vamos sem pressa de chegar ao destino, curta a viagem.

Uma dica: Procura se cercar de bons profissionais e tenha sempre uma atitude proativa, mas equilibrada dentro do seu negócio. São ações estas que minimizam as dificuldades e te fazem empreender com vontade de vencer sempre.

QUAL É A IDADE PARA SER UM EMPRESÁRIO?

" Não existe tempo certo para nada. Quem quer, vai lá e faz acontecer..."

Mac Dowell

O empreendedorismo não tem hora. É preciso querer, acreditar e investir em seus sonhos.

Roberto Gómez Bolaños (1929/2014) – Ator, diretor e comediante mexicano. Que aqui no Brasil ficou mais conhecido por interpretar Chaves e Chapolin Colorado. Personagens estes que ele começou a interpretar com 41 anos de idade e fez os seus programas serem reconhecidos mundialmente.

Harland David Sanders (1890/1980), mais conhecido como Coronel Sanders, empreendeu ao 65 anos de idade, após sua reforma no exército dos Estados Unidos. Ele é o fundador da Kentucky Fried Chicken. Mundialmente conhecida como KFC. O Sr. Sanders, começou o seu negócio quando muitos já pensam em parar de trabalhar.

Como se pode ver, não existe idade certa, depende única e exclusivamente da sua vontade de fazer algo diferente em sua vida. Na verdade considerar a idade como uma questão restritiva, não tem o menor cabimento. Com o aumento da perspectiva de vida cada vez maior. O natural é que tenhamos cada vez mais pessoas trabalhando com 60, 70, 80 anos e talvez até mais. Estarmos ocupados é extremamente saudável para o corpo e para a mente. Principalmente quando esta ocupação te desafia todos os dias. Para que possa ativar o seu Eu Empresário só depende de sua decisão de ir lá e fazer. Como tudo na vida, empreender vai ser um processo de constante desafio e aprendizado. Então, se é isto o que você quer.... Faça.

O QUE PRECISO SABER?

"Se não sabe, aprenda, e quando souber, passe o conhecimento para que outros possam aprender também..."

Mac Dowell

É muito comum as pessoas começarem um negócio sem saber nada. E é exatamente este um dos fatores que levam a alta mortalidade das empresas em menos de dois anos. Entrar em um negócio sem saber nada. É como entregar um carro para quem não sabe dirigir. Com toda certeza, vai dar muito errado.

Para que de certo, desde o primeiro momento. Faça uma autoavaliação de seus conhecimentos para o negócio que vai montar. Seja sempre honesto consigo mesmo. Adiar um projeto para ganhar mais conhecimento, vai te fazer economizar um caminhão de tempo e dinheiro.

Se não tem experiência nenhuma, considere fazer os cursos que o SEBRAE oferece para novos empreendedores em sua cidade. Cursos que são importantes você fazer.

Vendas – Muitas pessoas dizem que vender é um dom. Na verdade, vender é uma técnica, e como técnica pode ser aprendida e depois replicada para a sua equipe. O sucesso de seu negócio depende exclusivamente da capacidade de vender que você e sua equipe possuem. Se você se sente fraco nesta aptidão. Se esforce em aprender, esta habilidade é vital para o seu negócio dar certo.

Negociar – Também é uma técnica, pode e deve ser aprendida. Serve para lidar com tudo em sua vida. Negociar é basicamente achar o ponto de equilíbrio entre duas coisas. É por isso que se diz. "Negócio é bom, quando é bom para os dois lados…"

Formação de preço – Matéria importantíssima dentro de uma empresa. Entenda bem isto. Vender pelo preço errado pode acabar com o seu negócio. Não é uma coisa complicada de se aprender, mas quantos já faliram por desconhecer os seus fundamentos.

Contabilidade – Não precisa se tornar um expert. Afinal é para isso que servem os contadores. Mas ter conhecimentos básicos de contabilidade é necessário para que entenda o que está acontecendo.

EMPREENDER É MUITO ARRISCADO?

"Do nascer ao por do sol, tudo pode dar certo, assim como tudo pode dar errado. Não tenha medo de viver ..."
Mac Dowell

Aqui no Brasil em virtude do ambiente econômico e politico. As chances de dar certo ou de dar errado vai depender muito da sua capacidade de se adaptar. O empresário que se mantém atento e faz um planejamento continuo estará pronto para corrigir os rumos quando necessário e com isso aumenta o seu percentual de chances de sucesso.

E mesmo assim poder dar errado?

Sim, pode, pois nem tudo o que acontece no mercado pode ser previsto. Exemplos do que podemos enfrentar: Crises, guerras, alagamentos, desmoronamentos, morte são alguns das coisas que podem acontecer. Mas isso não são motivos para desistir. O que você precisa avaliar é a sua capacidade de correr riscos. Tem pessoas que tem aversão ao risco. Acham que tudo pode ser controlado. Isto é uma falácia. Você corre risco do momento que acorda até a hora que vai dormir. Se não existe risco zero na vida, como esperar que não tenha nos negócios?

Se procurar na história, vai ver que muitos grandes empresários quebraram antes de ter sucesso. E nem por isso desistiram de seus sonhos. Prepare-se para qualquer cenário. Suas atitudes vão fazer toda a diferença. Veja estes dois tipos de empresários:

O que faz acontecer – Este empresário investe na sua empresa e no treinamento de sua equipe. Reconhece as suas deficiências pessoais e busca aprender mais. Está atento a sua concorrência e aprende com ela. Como dono da empresa e líder, busca ter funcionários que lhe ajudem a progredir. Ouve a todos e ajusta os rumos. E por isso tem uma equipe motivada e engajada no crescimento da empresa. Não tem medo de trazer a responsabilidade para si. Mas também sabe cobrar sua equipe pelos resultados. Como profissional é respeitado e admirado.
Sua empresa tem credibilidade e cresce ano a ano.

O que espera acontecer – Este empresário acredita sempre que as forças sobrenaturais vão fazer a empresa progredir. Se está dando certo, gasta todo o capital em

bens pessoais e esquece da empresa. Se está dando errado a culpa é sempre de alguém e nunca é sua. Detesta a concorrência e se sente prejudicado por ela. Sua equipe está sempre perdida e estressada. Como gosta de ficar bem com todo mundo, não cobra a ninguém.
Todo mundo gosta dele, mas não é levado a sério.
Sua empresa vai quebrar a qualquer momento.

Qual dos dois empresários você quer ser?

Reflita sobre isso...

Fatores que podem se tornar um risco a sua empresa:
Família – Pode ser uma fonte de incentivo ou de aborrecimentos. Quando os familiares entendem e incentivam você a empreender. Você se sente encorajado e pronto para enfrentar os desafios do negócio. Quando são uma fonte de fortes criticas, podem te desestabilizar emocionalmente. Procure ter cuidado com isto. Principalmente se pensa em contratar ou tornar sócio alguém da família. Não contrate, se não puder demitir.
Uma dica: Não se afaste de sua família por conta dos negócios. Saiba equilibrar as duas coisas. Não adiantar ganhar muito dinheiro para um dia chegar em casa e en-

contrá-la vazia. A sua esposa e os seus filhos precisam de você agora. Não quando você tiver sucesso e ficar rico.

Um empresário eficiente, sempre sabe gerenciar o seu tempo. Aprenda a tocar o seu negócio por no máximo oito horas por dia. Cinco dias da semana. Se não consegue fazer isto, lamento te dizer, mas você vai ser ou está sendo um péssimo empresário.

Lembre-se, de ter tempo para:

Você – Tempo pessoal para se divertir e para estudar, empresário que não se recicla, morre na praia.

Família – Tempo para a esposa e para os filhos e também para os seus pais e parentes.

Amigos – não perca o seu círculo de amigos por excesso de trabalho.

Defenda com unhas e dentes este tempo livre para viver. Sua saúde física e mental vai agradecer e você estará sempre se sentindo muito bem.

Empregados – Contratar alguém para uma função não significa que estejam aptas a exercer o trabalho para a qual foram contratados. Até profissionais tarimbados, costumam ter vícios na forma de trabalhar, na maneira de falar e de ser. Defeitos estes que muitas vezes não combinam com o que você pensa sobre os funcionários que deseja ter.

" *Se você procurar o melhor em seus funcionários, eles vão florescer. Se você criticar ou procurar o pior, eles vão murchar. Todos nós precisamos ser regados...*"

Uma dica: Se tiver condições, procure dar aos seus empregados um constante ciclo de treinamento. Se mesmo assim precisar demitir, faça-o rapidamente. Não contrate ninguém que não possa demitir. Não mantenha pessoas que não se alinham ao perfil de sua empresa.

Conduta empresarial a ser sempre seguida:

1. Trate a todos como gostaria de ser tratado.
2. Procure sempre ter uma postura de respeito e cordialidade para com os seus subordinados. Mas sempre sem intimidades. Lembre-se você é o dono do negócio.
3. Construa um ambiente saudável dentro de sua empresa, Tanto nas instalações físicas, como nas relações humanas. Empregados felizes, não falam mal da empresa no mercado.
4. Elogie publicamente e chame a atenção do colaborador sempre em particular.
5. Não seja um intocável, permita que seus empregados tenham acesso a você. Se possível. Faça reuniões

mensais com cada setor da empresa e ouça as sugestões que possam melhorar o trabalho cada vez mais. As pessoas gostam de ser ouvidas e quando são valorizadas, ficam engajadas no sucesso da empresa.

6. Se possível, crie uma PL (Participação dos Lucros) assim você garante o engajamento de seus funcionários para o lucro da empresa. Afinal, dinheiro no bolso todo mundo gosta.
7. Se precisar demitir, demita. Sua obrigação é garantir o bom funcionamento da empresa. Se falhar nisto quem será demitido será você, o Sr. Mercado não aceita desaforo e muito menos pessoas incompetentes.

Fornecedores – Todos querem vender para você. Mas poucos serão seu parceiro de verdade. Selecione fornecedores que você possa confiar e que seja possível relações comerciais de longo prazo.

Uma dica: Crie o habito de receber pessoalmente a visita de seus fornecedores e negocie pessoalmente com cada um deles. Somente delegue para um funcionário a rotina operacional da compra e do recebimento das mercadorias. O segredo da boa venda, não está em vender. Mas em como você compra. Esta maneira de trabalhar te permite ter um melhor relacionamento interpessoal com o seu fornecedor o que te garante boas condições de compra. Uma vantagem extra é que se o seu fornecedor te visita, ele também visita o seu concorrente e neste caso você pode ter boas informações de mercado. Se o seu fornecedor opera somente por um sistema B2B (Business to Business) onde as compras são feitas eletronicamente. Procure entrar em contato com eles por telefone e tente criar algum tipo de relacionamento. Evite empresas que somente atendem por SAC (Serviço de Atendimento ao Consumidor) automático. Onde somente uma máquina te atende. Este tipo de fornecedor é complicado quando você tem um problema para resolver. Procure sempre ter fornecedores parceiros, eles devem sempre ser fonte de lucro, nunca de problemas.

Concorrentes – Só lhe darão dor de cabeça se você não fizer o seu dever de casa. Veja sempre a concorrência como um estímulo para a sua melhoria constante. Monitore de perto o que os seus concorrentes estão fazendo e faça melhor.

Uma dica: Não tenha vergonha de copiar o que funciona

bem com eles. Mas não deixe de dar o seu toque pessoal para diferenciar.

Contador – Vai ser o seu parceiro de todos os meses e é também mesmo que terceirizado o seu primeiro empregado. Já que sairá do seu bolso, os honorários, pagos mensalmente. O seu contador terá acesso as informações que são cruciais na sua empresa, por isso, é preciso que este profissional seja escolhido com muito cuidado. Maus contadores, fazem um estrago enorme em um negócio. Principalmente quando são omissos nas questões tributárias e trabalhistas. Tenha especial atenção na escolha deste profissional. Previna-se de problemas, fique atento ao que está sendo entregue por este profissional.

Uma dica: Quando contratar, determine que lhe seja enviado um relatório mensal do que foi feito para a sua empresa e guarde este documento sempre de forma organizada. Ele lhe será útil em caso de alguma ação tributária ou trabalhista contra a sua empresa.

Se a sua empresa ficar muito grande. Contrate anualmente uma auditoria externa para checar se tudo está certo.

Advogado – No mesmo patamar que um contador. Um bom advogado pode lhe ser muito útil e um mal pode lhe trazer muita dor de cabeça. A função deste profissional é lhe prestar assessoria jurídica, a fim de garantir segurança legal no planejamento e efetivação dos negócios. Sua função é elaborar e analisar contratos sociais de acordo com as necessidades da empresa, acompanhar processos cíveis, tributários e trabalhistas e participar de audiências.

Uma dica: É importante ter um que possa lhe orientar. Mas não é necessário que seja um custo mensal. Salvo, se houver uma demanda de trabalho muito grande para este profissional. Neste caso vale a pena contratar os serviços e pagar mensalmente.

Seguro – Possuir e operar uma empresa de pequeno ou médio porte é algo de muita responsabilidade. Mesmo se você procura operar com o máximo de cuidado e busca fornecer serviços da melhor qualidade. Você pode ser pessoalmente responsabilizado se causou um dano involuntário a alguém, se um funcionário feriu uma pessoa ou se você, involuntariamente, atuou de maneira irresponsável ou ilegal.

Possuir um seguro de responsabilidade civil protege seu negócio e você da ruína financeira, principalmente se, como na maioria das pequenas e médias empresas, se o seu patrimônio pessoal não estiver juridicamente separado da empresa.

O seguro de responsabilidade civil geral possui várias modalidades, garantindo, razoável proteção contra prejuízos resultantes da exploração de determinada atividade, do exercício de certa profissão, ou até de atos e/ou omissões de funcionários.

Prevenção é muito importante. Para ter um seguro que seja o ideal para a sua empresa. Peça a orientação de um agente de seguros e mantenha sempre em dia esta apólice.

Uma dica: Faça sempre cotações de preços com outras empresas.

Governo – Será sempre uma fonte constante de preocupação. A burocracia estatal cria muitas dificuldades para o dia a dia de qualquer negócio. Para minimizar, o ideal é ter um bom contador. Mas não confie cegamente nele. Aprenda a entender o processo burocrático da rotina mensal e acompanhe o fechamento contábil de sua empresa todo mês. Veja se todos os impostos e taxas foram recolhidos e se tiver empregados, tenha especial atenção aos encargos trabalhistas. Crie uma planilha simplificada que te permita acompanhar isto de forma rápida e sem complicação.

Uma dica: O fechamento contábil não é função para uma só pessoa. Deve passar pelo seu contador, por você e se possível por um outro sócio ou funcionário. Erros são mais facilmente encontrados, se for assim.

Clientes – Um cliente satisfeito não cria problemas e sempre volta. O problema é quando a sua empresa não sabe lidar com um cliente insatisfeito. É natural que falhas no processo de venda possam acontecer. O que não é natural, é ter descaso, quando isto acontece.

A solução destes impasses é na verdade, bem simples e obvio de resolver. Basta se colocar no lugar do cliente para primeiro entender o seu desconforto e qual a solução que ele deseja que a empresa entregue. Tendo esta atitude, fica mais fácil analisar se a reclamação procede ou se é um ato de má-fé por parte do cliente.

Se a reclamação procede, resolva sempre de forma rápida e se necessário for devolva o dinheiro. Mesmo que gere um pequeno prejuízo.

Se a reclamação não procede, seja firme e demonstre claramente o motivo.

Uma dica: Proteja sempre a imagem da sua empresa junto a seus clientes. Comentários ruins, são sempre prejudiciais ao negócio. Principalmente agora nestes tempos de internet onde tudo corre muito rápido para o bem ou para o mal.

Procure sempre demonstrar que a sua empresa trabalha de forma transparente e que é ágil na solução de problemas. As ações preventivas são sempre mais baratas que as ações corretivas.

BOTANDO A CUCA PARA FUNCIONAR

" O sábio pensa e faz, o tolo faz e depois pensa..."
Mac Dowell

Já que você está realmente decidido a entrar nesta briga. Chegou a hora de você responder a algumas perguntas. Lápis e papel na mão. Deixa uma borracha do lado. Vamos precisar dela. Você pode também digitar estas perguntas no computador e imprimir uma cópia para cada um dos envolvidos neste negócio. Agora é a hora do que os Norte-Americanos chamam de Brain Storm (Tempestade de ideias). Deixa todo mundo falar e anota tudo. Vai aparecer um monte de ideias muito legais e outras ridículas. Mas guarda tudo. Podem fazer sentido depois.

1) O que eu quero fazer?
Descreva com muitos detalhes este negócio que você quer criar. Se veja trabalhando nele e pense no seu dia a dia de trabalho. Revise esta anotação durante alguns dias. Você vai ver que vai ficar bem rabiscado. Uma vez focado nisto, você vai encontrar várias formas de fazer funcionar. Algumas vão fazer muito sentido no dia e no outro dia não. Quando esta ideia estiver realmente fechada. Passe para o próximo tópico.

2) Eu realmente entendo disto?

Se pergunte: Estou me metendo nesta aventura sabendo exatamente o que fazer ou estou indo nesta porque é onde está dando mais dinheiro? Se você entende pouco ou nada do negócio, a chance de dar errado é muito alta. Se realmente quer fazer isso, aprenda primeiro e depois arrisque o seu dinheiro. Se puder ir trabalhar ou conversar com quem já faz isso. Vai te dar muito mais conhecimento e você vai errar pouco.

3) Tem mesmo mercado para isto?

Ir fazer uma pesquisa de mercado vai muito bem nesta hora. Converse com os seus amigos e com os amigos de seus amigos. Pega uma prancheta com papel e caneta e pergunte na região onde você quer atuar se o seu negócio seria bem-vindo. Se for um comércio eletrônico, consulte nas suas redes sociais se você consegue ter clientes neste meio. Você vai ver que muitos mercados simplesmente estão saturados e que a lucratividade é muito pequena devido ao excesso de oferta.

4) O que eu sei fazer?

Qual é a sua contribuição no negócio? Se tem sócios, cada um deve declarar seu envolvimento no negócio. Seja honesto consigo mesmo, não prometa, o que não consegue entregar. Não supervalorize suas qualidades. Quando o assunto é gastar dinheiro. Ter o pé no chão, não faz mal para ninguém.

5) Eu saberia tocar este negócio sozinho?

Esta é uma armadilha clássica. Tendemos a superestimar as nossas habilidades e é muito comum o novo empreendedor se achar que "joga nas onze"*.

* Todas as posições de um jogo de futebol.

Faça o seguinte exercício mental:

Se veja tocando este negócio sozinho. Você consegue dar conta? Esta pergunta não significa que você precise trabalhar sozinho. Mas seria muito bom que você soubesse fazer todo os processos da empresa. Este conhecimento te serve para treinar um novo funcionário ou para avaliar se um processo está sendo bem-feito. Tem um ditado que diz "Manda bem, quem sabe como fazer..." Se não sabe, tenha sempre na equipe, um segundo funcionário que saiba fazer.

E tenha sempre em mente a seguinte lei de Murphy.

"Se alguma coisa pode dar errado, dará. E mais, dará errado da pior maneira, no pior momento e de modo que cause o maior dano possível."

6) Meu sócio(os) estão realmente alinhados com este projeto?

Todos precisam estar preparados e empenhados em fazer o negócio dar certo. Neste momento é muito produtivo que todos se expressem e verbalizem seus anseios e medos em estar neste negócio. Um bate papo bem honesto sobre o que os sócios farão se a empresa der certo e o que farão se der errado. Assim todos saberão exatamente o que esperar de cada um.

Esta parte é muito importante. Principalmente se você tiver amigos e parentes dentro do negócio. Uma declaração clara e se possível por escrito de cada um, vai evitar uma série de dissabores. Que podem acabar com as amizades e com os laços familiares.

Mesmo tendo este cuidado, não existem garantias de que não ocorrerão estes conflitos.

Resumindo: Sempre que começar um novo negócio, se pergunte:

1. Porque estou fazendo isto?
2. Como posso fazer?
3. Quando posso fazer?
4. Com quem vou fazer isso?
5. Quanto vai me custar?

CAPITAL PARA ABRIR UM NEGÓCIO

" O melhor uso do capital não é fazer dinheiro, mas sim fazer dinheiro para melhorar a vida."   **Henry Ford**

Este assunto daria um outro livro. Mas vamos nos ater ao básico. As mais conhecidas são:

Namarra – Sistema japonês, onde o futuro empreendedor entra com a cara e a coragem. Praticamente vendendo o almoço para comprar a janta. Raríssimas pessoas conseguem se manter no mercado desta forma. O stress é altíssimo e os riscos também. Não recomendo a ninguém, usar este sistema.

Poupança – Sistema de captação de recursos, onde o futuro empreendedor se prepara pouco a pouco com recursos próprios para alavancar a sua empresa. Neste formato pode-se ir investindo aos poucos no negócio enquanto ainda se está empregado em outro lugar. Custo baixo e visão de longo prazo. São sinônimos de crescimento constante.

Empréstimos – É uma forma de se conseguir capital para iniciar uma empresa. Se a sua ideia é muito boa e existem pessoas que querem investir em sua empresa. Vai em frente. Agora se pensa em pegar dinheiro no banco para isso, pense muito bem. O custo deste dinheiro, pode arruinar com o seu negócio antes mesmo dele decolar. Empréstimos bancários passam a ter sentido quando sua empresa já se consolidou no mercado e chegou a hora de crescer. Fora isso, é um risco que pode te inviabilizar como pessoa por muitos anos. Quando o assunto for fazer dívidas, reflita se este é o momento.

"Cautela e canja de galinha, nunca fez mal para ninguém"

Dito popular

CAPITAL DO NEGÓCIO E PESSOAL

" As pessoas dividem-se entre aquelas que poupam como se vivessem para sempre e aquelas que gastam como se fossem morrer amanhã." **Aristóteles**

É muito comum os novos empreendedores colocarem na mesma cesta as suas despesas pessoais e as despesas da empresa. Este é um erro gravíssimo, que gera descontrole de Caixa e uma possibilidade grande de falência do seu negócio.

O modelo ideal é ter uma conta bancaria para a empresa e uma para seu uso pessoal. Tudo o que for relativo a empresa e feito na conta da empresa e tudo o que for particular, na sua conta pessoal.

Digamos que você já tenha o capital para abrir a sua empresa. Neste montante, você precisa separar o necessário para pagar as suas despesas pessoais por, pelo menos seis meses. Se vai continuar trabalhando em outra empresa enquanto monta este negócio. Não precisa considerar isto. Mas se vai depender do faturamento de sua empresa. Precisa ter este "pé de meia". Afinal a empresa vai levar algum tempo para ser conhecida no mercado e neste tempo de maturação, que pode levar meses. Você precisa ter condições de se manter. Não desconsidere isto. Você pode ter que parar no meio do caminho por pura falta de folego financeiro para se manter.

SEU SALÁRIO

"O dinheiro não tem a mínima importância, desde que a gente tenha muito."
Truman Capote

Dentro das despesas de pagamento de funcionários. Defina desde já o seu ganho mensal. O chamado pró-labore. Valor este que ainda não é o seu lucro. Mas apenas um valor para fazer frente as suas despesas mensais. Este valor deve ser realista a condição do Caixa da empresa em te pagar. Dependendo de quanto for o seu capital de giro. Pode, mal cobrir as suas despesas pessoais. Daí a importância de se ter um "pé de meia" durante o início do negócio.

Muitos empresários, não se preocupam com isso. Mas, pense um pouco. Se você fosse um empregado, não estaria preocupado com o seu salário, seu FGTS e também com o seu plano de aposentadoria?

Pois é... Se pague também. Afinal, que é o dono da empresa?

ARREGAÇANDO AS MANGAS

"Acredita no seu trabalho e vai lá fazer. O teu sucesso só depende de você. Então mãos a obra..."
Mac Dowell

Você já viu que precisa antecipar várias coisas dentro de sua empresa. O nome disto é **PLANEJAMENTO** e este processo vai ser sempre o seu Norte em todo o tempo de existência de sua empresa. Você vai precisar planejar o incio da empresa e depois planejar cada semana, cada mês e se possível cada ano. Este habito, vai te economizar um caminhão de dinheiro todo ano. Pois você vai saber exatamente onde está colocando os seus pés. A forma empresarial de se fazer isso é criar um **PLANO DE NEGÓCIOS** é neste primeiro documento da sua empresa que você vai registrar os seus objetivos iniciais, os recursos financeiros necessários, os equipamentos e tudo o mais que vai precisar para tocar o seu negócio. Coloque aqui tudo o que achar importante.

    Acredito que uma grande maioria de novos empresários começam suas empresas sem um Plano de Negócios. Eu mesmo, quando abri a minha primeira empresa, comecei sem ter um plano de voo detalhado. Resultado quebrei a cara um ano depois. Simplesmente porque naquela época eu não tinha a menor ideia do que era isso.

Muitas pessoas acham que fazer isso é muito complicado e que precisa entender de um monte de coisas. Nada disto, vou te ensinar a fazer um planejamento simples que com o tempo você vai melhorando. Sim, você vai precisar olhar este plano de tempos em tempos para ver se não está saindo da rota.

Uma coisa posso te garantir, se você começar a sua empresa de modo certo. As chances de quebrar serão bem diminuídas.

Não terceirize esta etapa de planejamento do seu negócio. Aprenda a fazer isso. Este aprendizado vai te dar uma visão geral de tudo o que precisa ser feito para construir a sua empresa. Mas procure não fazer este documento ficar muito complexo. Precisa ser simples, para que possa estar sempre mexendo nele. Se for muito complicado, você vai largar de lado.

Se for bem-feito, ele pode inclusive te dar informações se deve realmente montar esta empresa. Acredite, as vezes, não fazer é o melhor caminho. Fique atento aos sinais.

O PLANO DE NEGÓCIOS

" Um lenhador antes de entrar na floresta. Primeiro afia o machado e depois vai derrubar arvores..."
Mac Dowell

Segue abaixo os itens que você vai precisar ter no seu plano de negócios. Na internet você encontra vários modelos prontos para preencher que são mais complexos. Este aqui é um modelo simplificado para que você possa ir ajustando de acordo com o ramo de sua nova empresa.

1 - Nome fantasia / Nome da empresa e CNPJ

Aqui você deve fazer uma pesquisa junto ao seu contador para saber se o nome escolhido já não é usado por outra empresa. Uma consulta pela internet já te dá uma ideia. Aproveita e testa se o nome escolhido também pode ser usado como domínio de seu site. Depois que registrar a sua empresa, você passa a ter o seu CNPJ.

2 – Enquadramento tributário

Para responder a este item você talvez precise de um contador. Leia e veja onde o seu negócio se enquadra.

a) MEI - Micro Empreendedor Individual - Se você já trabalha sozinho e quer começar um negócio e já sabe que seu faturamento anual não vai passar de R$ 81.000,00 por ano (2018), você pode escolher este formato tributário que é bem mais simplificado; Uma outra vantagem é que não precisa de capital mínimo para começar.

Quais as outras condições para se tornar um MEI?

- Não participar como sócio, administrador ou titular de outra empresa.Pode contratar no máximo um empregado.
- Exercer uma das atividades econômicas previstas no Anexo XI, da Resolução CGSN – nº140, de 22 de maio de 2018, o qual relaciona todas as atividades permitidas ao MEI.

Quais as vantagens de um MEI?

1. Não precisa ter um sócio.
2. Não precisa de contador.
3. Permite emitir nota fiscal.
4. Menos burocracia .
5. Direito a benefícios previdenciários.
6. Isenção de impostos.

b) EIRELI – Empresa Individual de Responsabilidade Limitada é um formato empresarial que pode ser constituído por apenas um sócio. Para que você possa abrir uma EIRELI, é necessário também observar algumas exigências específicas da lei. Uma delas é que uma empresa nesse regime precisa, necessariamente, ter um capital social de, no mínimo, R$ 95.400,00 (2018).

A exigência desse capital social funciona como uma garantia para empregados e fornecedores. Em caso de falência, Sua responsabilidade é de apenas o valor do capital inicial. Esse procedimento reduz o prejuízo, já que o empresário não responde com os seus próprios bens e a dívida, se houver, fica limitada ao valor deste capital. Ou seja, a modalidade EIRELI permite a separação do patrimônio privado e empresarial, Desde que sua dívida não seja por motivo de fraude, judicialmente comprovada. Mas mesmo assim, tenha muito cuidado, principalmente se você tiver muitos empregados.

Quais as vantagens de uma EIRELI?

    1. Não precisa ter um sócio.

    2. Protege os bens do titular em caso de falência;

3. Não existe limite de faturamento.

4. Não existe limite de empregados.

5. Acesso aos incentivos e subsídios do governo.

c) LTDA - Sociedades limitadas são formadas pela união de duas ou mais pessoas na formação de um negócio. Estas empresas são constituídas pela limitação das responsabilidades de cada empreendedor e a participação de cada sócio previamente estipulada por um contrato social. Outro termo usado é Sociedade de responsabilidade limitada e as empresas que possuem este formato utilizam a sigla LTDA.

Responsabilidade dos sócios na sociedade limitada. Uma característica deste este tipo de sociedade é a presença de cada empreendedor na administração do negócio, Os sócios são responsáveis diretamente pelo capital social do negócio. No contrato social precisa estar descrito os valores que cada sócio investirá de acordo com o seu engajamento e/ou responsabilidade no negócio.

A participação de cada sócio, bem como suas responsabilidades, são divididas em quotas proporcionais ao investimento inicial realizado por cada um. Por exemplo, se um sócio investe R$ 300 mil, em uma empresa que passa a ter um capital social de R$ 900 mil, esse sócio tem uma participação de 50% da empresa.

Tendo cotas de participação limitada em caso de falência, os sócios não respondem com os seus patrimônios pessoais, nem mesmo para as dívidas da empresa, diferente da responsabilidade ilimitada que criam um total compromisso com seus proprietários.

Por isso é tão importante que no início do negócio cada sócio determine por escrito a sua participação laboral no empreendimento. Os problemas societários são em grande parte motivados pela falta de regras claras entre os envolvidos.

Quais as vantagens de uma LTDA?
1. A responsabilidade é dividida entre os sócios.
2. Protege os bens dos titulares em caso de falência;
3. Não existe limite de faturamento.
4. Não existe limite de empregados.
5. Acesso aos incentivos e subsídios do governo.

3 – Endereço da empresa

De acordo com o seu tipo de negócio você poderá iniciar suas atividades dentro de casa ou vai precisar alugar um imóvel. Muitos tipos de trabalho podem ser feitos dentro de casa. Na grande maioria dos casos a limitação legal que existe é que o trabalho exercido não pode fazer muito barulho e não pode gerar cheiro muito forte. No caso dos edifícios residenciais quase sempre é proibido também a entrada constante de pessoas e a movimentação diária de carga nos elevadores.

Quando o Plano de Negócios estiver concluído você vai conseguir saber qual providencia deverá tomar para instalar a sua empresa.

Atenção – Não alugue nada, antes de ter certeza de que o endereço escolhido está dentro das normas para a execução do seu negócio.

4 – Capital da empresa

Registre aqui quanto você tem em dinheiro para colocar no seu negócio. Se for sozinho o valor integral. Se for com sócios, o valor de cada um.

5 – Área de atuação

Aqui determinamos o ramo de atividade básica de uma empresa.

Agropecuária - Aqui o objetivo é tocar um agronegócio, onde a sua empresa vai cultivar o solo para a produção de vegetais que podem ser hortaliças, leguminosas, frutos, mudas para replantio, etc... ou pode ser a criação de animais bovinos, suínos, aves, peixes, etc...

Indústria: Aqui o objetivo é transformar matérias-primas em produtos acabados. Tudo que você tem em sua casa foi produzido por meio de máquinas ou manualmente. Temos a transformação de metais, plásticos, madeiras, etc... em cadeiras, mesas, televisores, geladeiras, carros, etc...

Comércio - Aqui o objetivo é pegar o que foi produzido nas empresas acima listadas e vender. Este mercado se divide em dois segmentos.

A) Atacadista ou Distribuidor: Este compra em grandes quantidades e vende também em grandes quantidades somente para as empresas varejistas.

B) Varejista: Este vende as mercadorias em pequenas quantidades diretamente ao cliente final que chamamos de consumidor.

Prestação de serviços - Aqui o objetivo é oferecer trabalho braçal ou mental diretamente ao consumidor como por exemplo, um serviço de cabeleireiro, um advogado, um médico, etc...

6 - Área de abrangência da empresa

É o espaço geográfico que a empresa se insere ou atua. Este espaço pode ser regional, nacional ou internacional. Tudo vai depender do tamanho que esta organização possui. Praticamente todas elas começaram como você agora. Pequenas.

7 - Enquadramento tributário da empresa

Qualquer tipo de organização, seja ela de serviços ou venda de produtos – online ou físico, precisa estar enquadrada Para se estabelecer de qual ramo a empresa faz parte, deve-se fazer uma pesquisa na receita Federal para que possa se enquadrada em alguma CNAE. (Classificação Nacional de Atividades Econômicas). Uma empresa pode ter mais de um código CNAE e as vezes vários. Ela tem como objetivo categorizar empresas, instituições públicas, organizações sem fins lucrativos e profissionais autônomos em códigos de identificação. Esses códigos, padronizados em todo o país, são utilizados nos cadastros e registros da administração federal, estadual e municipal para a gestão tributária e servem também para coibir ações fraudulentas. Além disso, os registros na CNAE contribuem e dão suporte às decisões dos órgãos públicos a fim de aprimorar a legislação tributária.

Para determinar seu código CNAE você vai precisar da ajuda de um contador ele vai te dizer quais se encaixam no seu tipo de negócio. No site da Receita Federal você também pode encontrar estes códigos.

8 – Objetivos

Isto é o sinônimo de: Propósitos, fins, finalidades, alvos, metas, intenções, sonhos, etc... Descreva aqui o que espera alcançar com a sua empresa.

9 – Missão

São os princípios fundamentais que norteiam uma organização. Determina os valores e o código de conduta que a empresa assumirá nessa caminhada. Também determina a forma como a empresa quer se posicionar no mundo e como será reconhecida por seus clientes, colaboradores e parceiros. Vale a pena perder um tempo com isto. Pois será a base do seu manual de interno de procedimentos.

10 – Resumo sobre a empresa

A medida que for construindo o seu Plano de Negócios você vai ter muitas informações. Este espaço é para ser preenchido por último. Aqui você fará um breve resumo de sua empresa.

11 – Nome dos sócios e suas experiências profissionais

Identifique cada um dos sócios e descreva suas habilidades profissionais que vão servir ao negócio. Esta parte é ótima para que cada um conheça as habilidades do outro. E vai servir também para compor as equipes de acordo com o conhecimento de cada um.

12 - Plano de Marketing

Defina o que vai vender, que produto ou tipo de serviço vai

prestar ou ambos. Pesquise e copie as práticas que estão dando certo no mercado. Aprenda a melhor maneira de comercializar e divulgar o seu produto ou serviço.

a) Produtos – Tudo aquilo que você produz ou compra para revender. Se forem muitos itens, coloque neste item a palavra ANEXO I e coloque esta listagem no fim do seu Plano de negócios. Esta listagem simplificada deve conter os seguintes itens:

1. Nome do Produto
2. Código do produto
3. Quantidade em estoque
4. Preço de compra
5. Margem
6. Preço de venda

No caso de produtos produzidos na empresa. Utilize a mesma lista simplificada para calcular qual será o seu estoque mínimo e quanto do capital vai ficar empatado no estoque. Procure não ter no início da empresa muitos itens estocados. Principalmente se eles possuem data de validade. Com o tempo você vai saber qual é o estoque ideal para o seu tipo de negócio.

b) Serviços – Uma equipe profissional eficiente, faz toda a diferença quando se vende serviços. Treinamento é a palavra-chave.

c) Formando o preço - Neste primeiro momento precisamos avaliar o quanto o consumidor está disposto a pagar e se está compatível com aquele praticado no mercado pelos concorrentes diretos.

Como você ainda está iniciando o negócio. Não possui ainda um histórico de custos fixos e variáveis. Pesquise o preço de venda da concorrência e subtraia do valor que está comprando para formar o seu estoque. Este percentual vai ser a princípio o seu lucro bruto. A medida que for organizando a empresa este valor de lucro bruto vai reduzir, pois você vai ter custos fixos (Luz, água, empregados, etc...) a serem descontados deste montante. Facilidade de pagamento: Dentro de sua capacidade financeira. Procure ofertar as melhores condições de pagamento.

d) Clientes – Defina quem vai ser os seus clientes e onde vai achá-los. Se pretende vender para pessoas físicas. Você pode usar alguns destes parâmetros para iniciar a sua pesquisa.

1. Homens ou mulheres ou ambos
2. Solteiros ou casados
3. Qual a faixa etária
4. Perfil profissional
5. Qual é a renda
6. Qual o nível de escolaridade
7. Onde moram?

Se pretende vender para outras empresas (pessoa jurídica). Você pode usar alguns destes parâmetros para iniciar a sua pesquisa.

1. Empresa pequena ou grande
2. Nacional ou Multinacional
3. Ramo que atuam
4. Produtos ou serviços que oferecem
5. Quantos empregados possuem
6. Tempo de mercado?

Seja uma PF (Pessoa Física) ou PJ (Pessoa Jurídica) Lembre-se sempre de que são elas que vão trazer o dinheiro para a sua empresa, Uma vez conquistado este cliente, não tire os olhos dele. Cuide pessoalmente deste atendimento e quando a sua empresa crescer e puder ter uma equipe de vendas. Continue atento. Faça incertas, ligue para os seus clientes aleatoriamente e pergunte como foi o atendimento e se tem reclamações. Procure entender o seu cliente. Não há como atendermos a um cliente sem ouvir aos seus anseios. Descubra porque ele te procurou. Treine a equipe constantemente para que façam perguntas e se coloquem no lugar do mesmo. E principalmente procurem solucionar suas necessidades sem criar barreiras. Não perca clientes por falha interna. Ganhar clientes é caro. Perder é mais ainda. Pois ele pode sair falando mal da sua empresa e assim afastar antigos e novos clientes. Haja pessoalmente nestes casos ou delegue para quem tem competência para resolver. Nestes tempos de internet, um único cliente pode fazer um estrago enorme.

Entenda que o cliente é o único que tem o poder de demitir uma empresa inteira. Sem o dinheiro dele, não existe empresa.

O Sr. Samuel Moore Walton (1918/1992), foi o fundador da maior rede de varejo do mundo, a Wal-Mart e também do Sam's Club e vem dele este pensamento que está escritoem vários livros de negócio e que deveria estar colocado numa placa em toda empresa.

> *"Eu sou o homem que vai a um restaurante, senta-se à mesa e pacientemente espera, enquanto o garçom faz tudo, menos anotar o meu pedido.*
>
> *Eu sou o homem que vai a uma loja e espera calado, enquanto os vendedores terminam suas conversas particulares.*
>
> *Eu sou o homem que entra num posto de gasolina e nunca toca a buzina, mas espera pacientemente que o empregado termine a leitura do seu jornal.*
>
> *Eu sou o homem que explica sua desesperada e imediata necessidade de uma peça, mas não reclama quando a recebe após três semanas somente.*
>
> *Eu sou o homem que, quando entra num estabelecimento comercial, parece estar pedindo um favor, ansiando por um sorriso ou esperando apenas ser notado.*
>
> *Eu sou o homem que entra num banco e aguarda tranquilamente que as recepcionistas e os caixas terminem de conversar com seus amigos, e espera pacientemente enquanto os funcionários trocam ideias entre si ou, simplesmente abaixam a cabeça e fingem não me ver.*
>
> *Você deve estar pensando que sou uma pessoa quieta, paciente, do tipo que nunca cria problemas. Engana-se. Sabe quem eu sou?*
>
> **"Eu sou o cliente que nunca mais volta!"**

e) Propaganda - De que forma a sua empresa, vai captar clientes para no primeiro momento ser conhecida e depois para ser sempre lembrada. Hoje em dia existem várias opções de mídia para destacar o seu produto ou serviço. Mas tenha cuidado com os custos. Nem tudo pode ser usado para determinado produto ou serviço. Busque ajuda profissional para se destacar. Neste quesito é fácil perder muito dinheiro e não ter resultado nenhum. Adote estratégias que possam destacar o seu produto. Uma boa embalagem, uma boa vitrine, boas fotos, etc...

Estas são algumas das estratégias que podem ser implementadas para a divulgação:

1. Anúncios em rádio, jornais e revistas.
2. Internet
3. Envio de amostras grátis
4. Envio de mala direta
5. Uso de um carro de som
6. Distribuição de brindes
7. Sorteios
8. Participação em feiras e eventos

f) Estrutura de comercialização - Aqui vamos definir os canais de distribuição, para que os seus produtos e/ou serviços cheguem até os potenciais clientes. Temos os seguintes caminhos:

1. Vendedores internos e externos – Ter uma equipe de vendas bem treinada que conheça os produtos comercializados e as vantagens destes sobre a concorrência.
2. Representantes comerciais - Quando se pretende vender em diversos estados e/ou municípios. O representante comercial possui em cada região o seu Conselho Regional dos Representantes Comerciais do Estado (CORE) acessando o site deles, você poderá obter informações sobre a legislação específica para o uso desta força de trabalho.
3. Internet – Sua empresa poderá contratar um sistema de gerenciamento de comércio eletrônico e ter parte ou a totalidade de suas vendas feitas pela internet.

12 – Operacional

Aqui vamos definir os três itens onde você gasta, onde você ganha e onde você deixa de ganhar dinheiro.

a) Fornecedores – Defina quem vai ser os seus fornecedores.

Com eles você gasta o seu dinheiro. Seja por meio de serviços (Luz, Água, etc...) ou estoque (Matéria prima ou produtos prontos). Seu lucro está aqui. Você não ganha dinheiro quando vende, você ganha dinheiro quando compra pelo preço certo, quando gasta pouco e quando consegue preço e prazo para repor o seu estoque. Sua atenção deve estar sempre aqui. Selecione os melhores fornecedores e só troque se tiver certeza que o próximo vai entregar a mesma coisa com o melhor preço e prazo. Não deixe nunca a sua qualidade cair por causa do preço.

Como diz o ditado "O barato sai caro."

Atenção total neste item...

b) Concorrentes – Identifique seus concorrentes.

Conheça e analise o seu mercado. Identifique o perfil dos seus principais concorrentes e veja o que você pode melhorar no seu negócio, identifique os erros cometidos pela concorrência e encontre alternativas que conduzam a sua empresa ao melhor posicionamento junto a clientela.

Buscando entender a sua concorrência, o futuro empreendedor passa a adquiri conhecimentos que vão auxiliar no crescimento da empresa.

O que pode ser feito:

1. Identifique os pontos de venda que oferecem produtos similares aos seus;

2. Observe e identifique os pontos fortes e fracos do seu concorrente;

3. Observe e identifique se existem oportunidades e possíveis ameaças ao seu negócio;

4. Procure criar ações de marketing que favoreçam o posicionamento do seu produto ou serviço no mercado.

Não tenha vergonha de copiar o que está dando certo para eles. Mas procure sempre, no atendimento dar um toque pessoal. As pessoas não gostam de ser atendidas por máquinas ou de serem tratadas como números. Evite ao máximo a robotização da equipe com frases prontas e procedimentos engessados.

Entenda, os produtos e serviços que a sua empresa ou a

concorrência oferecem quase sempre são os mesmos. O que pode fazer diferença entre uma empresa e outra é o atendimento.

c) Estrutura física - Também conhecido como Ponto Comercial. Aqui devemos definir o espaço físico que a empresa vai ocupar. É preciso fazer uma análise apurada para sabermos se isto vai ser uma das chaves para alcançar o seu público-alvo. Normalmente é onde ficará aplicado grande parte do seu orçamento para a abertura da empresa. Em razão dos custos envolvidos. Busque ter certeza de que o ponto escolhido vale o investimento. Muitos negócios atualmente, não precisam de ponto comercial. Já que na atualidade o cliente gosta da facilidade da entrega em sua casa. Veja se este não é o seu caso.

Locação – Se a sua opção for a locação do ponto comercial. Observe os seguintes itens antes de fechar o contrato de aluguel.

- ☒ Possibilidade de tirar Alvará de funcionamento no endereço para o ramo escolhido. Esta pesquisa é feita na Prefeitura de sua cidade.

- Possibilidade de tirar Alvará do Corpo de Bombeiro.

Itens que também devem ser observados em um ponto comercial:

Localização – O endereço do ponto comercial está diretamente relacionado ao ramo a ser explorado. Ele pode ser a diferença entre ter clientes ou não. Procure visitar o ponto comercial em horários alternados, para que possa verificar o movimento de pessoas e de veículos no local. Veja também se está próximo dos seus futuros fornecedores, para que não tenha problemas com prazo de entrega e custo de frete. Observe também a proximidade da concorrência a volta.

Acesso – Observe se é fácil para o seu cliente chegar a sua empresa.

Estacionamento - Verifique se existe facilidade de estacionamento para a entrega das mercadorias e facilidade para a chegada de seu cliente de carro.

Segurança – Pesquise se a região escolhida é segura para o seu negócio e para o seu cliente.

Higiene e limpeza – Verifique se a área externa do endereço é limpa regularmente e se possui serviços de coleta de lixo.

d) Organização do Plano Operacional

Uma vez que já temos o espaço definido. Vamos agora precisar organizar o plano operacional, ou seja, a distribuição do espaço físico para que cada setor da empresa possa funcionar. Itens a serem analisados:

Entrada – Como e por onde entram os clientes, os funcionários e as mercadorias. Aqui definimos o fluxo de entrada e saída de pessoas.

Escritórios – Que pode ter ou não uma recepção. Mas deve estar definido no plano operacional. Neste espaço será feita a administração do negócio. A organização do mobiliário deve ser feita de forma a que o espaço não fique sobrecarregado de coisas e pessoas. Muitas empresas costumam colocar parte do estoque junto com o escritório. Dando assim um aspecto de desorganização no local. Evite esta prática.

Loja – Espaço de venda das mercadorias, podemos ter neste espaço todo o estoque a mostra para venda. Deve estar sempre bem limpo e com uma organização que permita ao cliente escolher o que deseja com conforto. Visite os seus concorrentes e copie as boas ideias.

Estoque – Área secundaria da empresa. Onde os itens a serem vendidos estarão armazenados. Este espaço deve estar organizado e as mercadorias devidamente identificadas. Sujeira e infiltração de água, assim como, falta de segurança neste local é prejuízo certo. Se possível torne esta área restrita somente aos que nela trabalham.

Banheiros e vestiários – Devem estar próximos dos funcionários. Limpeza e organização devem ser constantes.

As boas praticas de organização do espaço de trabalho trazem vários benefícios ao dia a dia. Podemos elencar:

- O cliente se sente bem em ir ao seu estabelecimento, pois encontra com facilidade o que procura.
- Seus funcionários trabalham sem stress já que não existe retrabalho.
- A empresa como um todo funciona muito melhor.

☒ Evita-se o desperdício de tempo e de dinheiro.

Nesta missão de organizar o fluxo de trabalho, faça com que todos fiquem envolvidos e tragam soluções que melhorem o que já deve estar bom.

e) Organização da capacidade produtiva

Aqui vamos definir quanto e como podemos produzir nosso produto e/ou nosso serviço.

Capital de giro – Defina quanto ficará disponível para que a empresa compre os insumos necessários a produção.

Matéria Prima – Determinar o ciclo de compras e prazos de entrega que terá dos fornecedores.

Produção – Definir quantos e quais produtos serão produzidos por hora, por dia e por mês. Levando-se em conta a capacidade produtiva das máquinas e dos funcionários.

Estoque – Definir o volume máximo e mínimo em estoque dos produtos acabados e qual será a sua rotatividade

Clientes – Devemos definir quantos clientes poderão ser atendidos por hora, por dia e por mês. Com a estrutura inicial e no caso de aumento de demanda como atender.

Itens que também devem ser analisados junto com o descrito acima.

- ✓ Datas festivas
- ✓ Feriados prolongados
- ✓ Sazonalidades

f) Organização dos Processos Operacionais

Também conhecido como Fluxograma Operacional é o mapa de como será o funcionamento da empresa no seu dia a dia.

Aqui devemos registrar o fluxo de trabalho da hora que abre até a saída do último funcionário da empresa. Inclusive os procedimentos que devem ser seguidos a noite e nos fins de semana quando a empresa não estiver funcionando Este processo deverá ser feito com todos os que trabalham na mesma. Escreva os procedimentos e depois simule na prática o que foi desenhado. Se possível, cronometre cada etapa. Este processo nunca acaba, sempre se consegue melhorar mais. Incentive a todos, a ter este pensamento.

g) Organização do Planejamento Financeiro

Com todos os dados que estamos coletando até agora já deve ser possível ter uma ideia de todo o investimento necessário para que a empresa possa começar.

Aqui devemos definir:

1) **Capital inicial que será necessário para abrir a empresa.**

   1. Contador e licenças
   2. Seguros
   3. Contratação de Pessoal
   4. Locação e reforma do imóvel
   5. Compra de máquinas e móveis
   6. Veículos
   7. Matéria prima e insumos para as vendas
   8. Marketing

2) **Capital de giro necessário para manter mês a mês a empresa.**

   1. Aluguel
   2. Salários
   3. Taxas (Luz, água, gás)
   4. Contador
   5. etc...

3) **Fonte dos recursos, origem do capital que será usado em cada etapa do negócio.**

   1. Capital próprio
   2. Empréstimo pessoal
   3. Empréstimo bancário

Agora chega a hora de avaliar o que realmente poderá ser feito com os recursos de que dispõe. Evite ao máximo gastar com o que não for necessário naquele momento.

Dicas importantes.

1. Lute com todas as forças para ter um custo fixo baixo. Elimine coisas supérfluas que consumam o seu capital.
2. Evite a todo custo pegar empréstimos para começar a empresa. Comece pequeno, mas comece com o seu capital próprio.
3. Se for possível, alugue tudo que puder ser alugado, desde que fique mais barato que comprar.
4. Veja se o que precisa, é possível comprar usado, mas em boas condições de uso.
5. Não contrate pessoal próprio sem ter a real necessidade. Terceirize partes do negócio quando possível.
6. Nunca pague o primeiro preço, não tenha vergonha de pechinchar, busque as melhores condições de pagamento, para o que a sua empresa precisa. Lembre-se o lucro está na compra, não na venda. Defenda as suas margens de lucro. Seu capital vai

crescer mês a mês, se tiver estes cuidados.

7. Evite ao máximo deixar o estoque parado. Procure girar todo o estoque. Itens que não vendem, não produza ou não compre mais. Encalhou, faça promoções e bote para fora. O estoque precisa estar sempre renovado. Portanto, tenha um controle apurado sobre ele.

4) Fluxo de caixa simples

A medida que a empresa for sendo montada. Sua empresa terá diversas planilhas de controle de produção, vendas, etc...

Sugiro que tenha para a sua análise uma planilha de fluxo de caixa simplificada para que possa ver o crescimento do seu negócio, mês a mês. A grande vantagem é que é muito rápido de fazer e você não se perde em um labirinto de números.

Capital – Todo o numerário que a empresa tem guardado dividido da seguinte forma:
- Banco disponível
- Aplicações financeiras
- Dinheiro em espécie

Entrada - Todos os recursos de capital que entraram na empresa naquele mês. Aqui lançe os valores totais de cada um.

- Vendas a vista
- Vendas a prazo

Custo fixo – Tudo o que foi pago naquele mês, aqui é bom detalhar cada pagamento e depois comparar mês a mês, Vai levar um susto.

- Salários e encargos
- Taxas
- Fornecedores
- etc...

Custo variável – O que foi pago e que não é rotina. Também é bom detalhar cada pagamento para entender o que foi pago e porque.

Teremos então a seguinte fórmula:

CAPITAL + ENTRADA – CUSTO FIXO – CUSTO VARIÁVEL = SALDO

Aplicando estes dados mês a mês, consegue-se ter uma visão rápida de quanto dinheiro terá disponível nos meses seguintes e se está tendo lucro ou prejuízo.

Para os meses seguintes que ainda não foram fechados lance na planilha assim:

Capital – Repita o saldo do banco e o dinheiro em espécie. Lance o valor da aplicação financeira sem correção dos juros nos meses seguintes. Ao final de cada mês vencido atualize o rendimento da aplicação.

Vendas a Vista – Deixa em branco e preencha a cada mês

Vendas a prazo – Lance os valores que estão programados para entrar nos meses seguintes

Custo fixo – Repita os mesmos valores nos meses seguintes e só atualize quando fechar aquele mês.

Custo variável – Deixe em branco e só preencha quando tiver os dados daquele mês.

Janeiro	Fevereiro
Capital	Capital (Repita o valor do saldo)
Vendas a vista	Vendas a vista
Vendas a prazo	Vendas a prazo
Custo fixo	Custo fixo
Custo variável	Custo variável
Saldo	Saldo

Pronto já se consegue ver de forma simplificada a situação financeira da empresa. Essa planilha é ótima para correção de rumo.

Resumindo: Um Plano de Negócio é o registro que descreve claramente seus objetivos dentro do negócio e suas metas para que esses objetivos sejam alcançados.

ORGANIZANDO A EMPRESA

"As únicas coisas que evoluem por vontade própria em uma organização são a desordem, o atrito e o mau desempenho."
Peter Drucker

Não importa o tamanho que você vai começar esta sua empresa. Algumas coisas são básicas e você já deve começar a providenciar.

1) Pastas – Compre 03 pastas de cores diferentes destas que permitem colocar envelopes plásticos. As de formato A4 atendem muito bem e você deve etiquetá-las da seguinte maneira.

Pasta Empresa – Vai ser a primeira pasta a ser montada. Deve ficar guardado nela os seguintes impressos.

1. Plano de Negócios
2. Contrato Social
3. Cartão CNPJ
4. Alvará da Prefeitura
5. Alvará do Corpo de bombeiros
6. etc...

Nesta pasta é para ficar guardado tudo o que for relativo a empresa. Sugiro que tenha uma cópia de todos estes documentos em formato digital.

Pasta Pagamentos – Cada envelope plástico da pasta é relativo a um mês do ano. Você precisa ter 13 envelopes plásticos nesta pasta.

O primeiro é para guardar os pagamentos a serem feitos.

Os seguintes são para guardar o que foi pago em cada mês.

Usando este método você nunca vai esquecer de pagar uma conta. Agora precisa colocar a conta no envelope certo e olhar o que tem que ser pago toda semana.

Muitas contas chegam hoje por e-mail. E você não precisa sequer imprimir. Basta copiar o código de pagamento e pagar no Internet Bank. Neste caso se for tudo digital, crie a pasta Pagamentos no seu computador e guarde as contas e os recibos tudo junto. Mas crie um sistema digital para não esquecer de pagar as contas.

Como na prática ainda temos muita coisa para pagar em papel também. O ideal é imprimir a conta e colocar no primeiro envelope. Assim tudo o que precisa ser pago estará ao alcance dos olhos e se consegue rapidamente saber o que foi pago em cada mês. Se conseguir fazer isso digitalmente, seja organizado e faça cópias destes arquivos.

Computadores quebram também.

Sugestão: Marque cada conta paga com um PG (PAGO) assim não esquece que já pagou a conta. Outras siglas que pode usar para saber como foi pago.

1. PGDN – Pago em dinheiro
2. PGIB – Pago no Internet Bank

Atenção: Os recibos atuais são impressos em impressora térmica. Não duram seque um ano a impressão. Se possível passe no scanner este recibo ou tire uma foto e guarde no computador esta imagem do recibo.

A cada ano esvazie as pastas e guarde estes documentos em uma caixa arquivo com o nome de PAGAMENTOS. Veja com o seu contador, quais são os documentos que são para guardar por 5 anos e os que vai precisa guardar por 10 anos.

Pasta Orçamentos ou Pasta Propostas – Aqui cada envelope plástico vai guardar uma cópia das propostas enviadas. Esta pasta pode ser substituída por uma planilha eletrônica com o mesmo nome. Serve para acompanhar os orçamentos ou propostas enviadas aos clientes.

2) A Papelaria da empresa

Itens rotineiros:

1. Cartão de visita – Este item deve ser carregado e distribuído todos os dias. Não economize na distribuição. Faça a sua empresa ser conhecida.

2. Envelopes timbrados – Dependendo do ramo, pode não ser necessário. Avalie.

3. Pastas timbrados – Dependendo do ramo, pode não ser necessário. Avalie.

4. Tabela de preços – Sempre atualizada e em mãos.

5. Proposta comercial – Deve ter um modelo pronto em seu computador para ser preenchido sempre que um cliente solicitar.

6. Contrato de Prestação de Serviços – Deve ter um modelo pronto em seu computador para ser preenchido sempre que um cliente solicitar.

Tudo que for necessário ao trabalho deve estar a mão e em quantidades necessárias ao uso naquele mês. Se está acabando e precisa repor, faça isso. Não fique na mão.

3) O site da empresa (Institucional)

Já tem o plano de negócio pronto e já sabe o que vai fazer. Hora de comprar um domínio e mandar fazer o site da empresa.

Para que serve isso?

O principal objetivo é divulgar a sua empresa, bem como os seus produtos e/ou serviços oferecidos.

Como deve ser?

Deve ter um design simples e objetivo. O seu cliente deve ser capaz de em poucos segundos saber o que sua empresa faz, que produtos e serviços são comercializados.

Visite alguns sites de empresas e tire ideias. Seu site deve ser cativante e fácil de navegar. Se o seu visitante não conseguir encontrar as informações facilmente, ele simplesmente vai sair do seu site e você perderá uma oportunidade de fechar negócio.

Este site deve ser bem-feito. Mas não precisa custar os olhos da cara. Busque Webdesigners que façam este projeto a um preço justo e que lhe deem manutenção. Caso precise alterar algo depois. Este profissional deve lhe orientar como fazer o domínio do site e a criação dos endereços de e-mail.

Utilize e-mails com o domínio da empresa se possível. E use contas de e-mail genéricas (gmail, hotmail,etc...) para o seu uso pessoal. Não misture assuntos se puder.

4) Sistemas

Para o controle de algumas ou todas as fases do seu negócio. Você pode querer usar um programa ou programas que te ajudem no dia a dia. Este item dever ser muito bem pesquisado. Pois dependendo do ramo, podemos ter diversos tipos de fornecedores .Uma pesquisa sistemática deve ser feita. Uma implantação mal feita pode te custar muito dinheiro. O mais caro nem sempre é o melhor. Procure sistemas que te permitam um uso gratuito por algum tempo. Assim poderá testar e ver se encaixa no seu modelo.

Existe muita coisa gratuita na rede que funciona muito bem.

5) Processos Operacionais

Defina como e de que forma vai trabalhar. Agora é o momento de acertar cada movimento dentro da empresa. Treine a equipe e depois façam ensaios de como seria a rotina do dia a dia. Estes exercícios são ótimos para que possam identicar possíveis gargalos que geram retrabalho. Atenção redobrada: Empresa desorganizada, perde dinheiro todo dia.

COMEÇANDO DE CASA

"Quanto mais eu quero que algo seja feito, menor é a chance de eu chamar aquilo de trabalho" **Richard Bach, autor**

Durante muitos anos mantive um escritório no centro de minha cidade. Mas em 2008 houve uma forte crise econômica e precisei entregar aquela sala que alugava. Aquela crise me pegou tão forte que de uma hora para a outra eu já não tinha mais clientes. Os meses se passavam e nada de fechar negócio. Como o custo de manter o escritório foi ficando inviável. Embalei as minhas e coisas e fui trabalhar em casa. Não preciso dizer que fiquei muito deprimido com esta situação. Achava que estava no fundo do poço e que não teria mais credibilidade junto aos meus clientes. Passado o baque inicial, respirei fundo e fui aos poucos reestruturando a minha empresa para aquela nova realidade. Depois de algum tempo, constatei, para a minha surpresa. Que foi a melhor decisão que eu podia ter tomado para mim e para o meu negócio. Pois passei a ter uma qualidade de vida que eu não tinha antes. Quando as coisas começaram a melhorar no mercado. Eu já estava adaptado e pude sentir, que para os meus clientes, não fazia a menor diferença. Já que logo no início desta mudança de estilo e por não querer perder a clientela, me tornei muito mais proativo e passei a ir mais ao encontro deses. Eles não precisavam mais se deslocar para tratar comigo. Meu trabalho acabou ficando muito mais personalizado e prático para todo mundo.

No meu caso, eu tinha um escritório pronto e precisei ir trabalhar em casa. Mas para você que está começando com pouco capital ou porque precisa ficar perto dos seus filhos ou pais idosos. Esta forma de trabalhar pode ser muito bom para você e a sua nova empresa.

Veja as vantagens:

Custo fixo – Usar um cantinho ou um quarto de sua casa para montar seu negócio. Já te evita de gastar com aluguel, luz, água, condomínio, etc... de um outro imóvel. O que você já gasta em casa, dependendo do que vai fazer. Pode até aumentar um pouquinho. Mas não vai fazer grande impacto no seu orçamento mensal.

Comida – Como você já está em casa, sua alimentação além de ser melhor te faz economizar um bom dinheirinho.

Trânsito - Dependendo da cidade que você mora. Chegar ao local de trabalho pode te roubar umas boas horas por dia. Só na ida e vinda. Sem falar na economia de passagens, gasolina e estacionamento.

Tempo – Não tendo que se deslocar, você pode aproveitar este tempo extra para estudar, ir na academia ou ficar de preguiça no sol.

Qualidade de vida – Posso te dizer que é muito vantajoso. Mas vai depender muito do ambiente familiar que você já tem em casa.

Desvantagens - Como te disse, me adaptei muito bem a este formato de trabalho e o uso até hoje. Mas muitas pessoas e empresas dizem que tem desvantagem.

São elas:

Família – Realmente é um problema no começo. As pessoas acham que você não está fazendo nada e ficam te incomodando o tempo todo.

Se você tem um espaço que pode ser trancado, Faça isso. Se isole e só saia para ir ao banheiro ou para almoçar. Com o tempo as pessoas se acostumam e não te incomodam mais.

Não tem como ficar isolado. Tenha pelo menos um canto para trabalhar que não precise ser desmontado para a família poder usar aquele espaço. Exemplo: Mesa das refeições, sala de estar, etc...

Neste caso, você precisa ter um móvel que possa ser trancado. Acabou de trabalhar, guarda tudo e tranca. Principalmente se tiver crianças pequenas em casa. Já pensou chegar em casa e ver que aquele trabalho que ia entregar virou brinquedo de criança ou que seu animal de estimação usou como banheiro.

Solidão – Você fica isolado profissionalmente das pessoas, já que dependendo do trabalho, não vai ter colaboradores ao seu lado e vai ficar sozinho.

Comentário: Você precisa ter um pouco de privacidade para poder pensar e planejar e se você está trabalhando de verdade, seu telefone vai tocar, mensagens vão cair a toda hora no e-mail, WhatsApp, etc. Acredite, não vai dar tempo de ter este sentimento.

Uma dica: Divida o seu tempo em duas partes. Uma parte do tempo fica no escritório e a outra você sai para visitar clientes e fornecedores. Ajuda a te distrair e você não perde contato com as pessoas.

Credibilidade – As pessoas não vão te levar a sério. Vão achar que você é amadora.

Comentário: Pensava assim também. Pura crendice. Na verdade os clientes ficam até com inveja de você e sempre comentam que querem fazer a mesma coisa.

Dicas: Leia o capítulo Eu, empresário e tenha atitudes profissionais para que não duvidem de sua capacidade e credibilidade.

MÃOS A OBRA

"Não importa de onde se começa. O que importa é o quanto você está empenhado em fazer acontecer..."
Mac Dowell

Vamos ver agora como organizar a empresa dentro de casa. É muito simples, mas seja organizado para que tudo funcione como deve ser.

1) Equipamentos – O que vamos precisar.

a) Computador – Praticamente todo trabalho hoje precisa ter alguma parte dele feita no computador. Considero uma ferramenta básica. Não precisa ser o mais caro, mas também não pode ser uma carroça.

Pesquise um equipamento que atenda as suas necessidades. Teclado e mouse, precisam ser profissionais. Caso contrário vão quebrar rápido.

Notebooks são uma excelente pedida, mas se for usar como máquina de trabalho diário. Use um teclado e mouse externo. O teclado destas máquinas não foram feitas para uso constante. Vai quebrar.

b) Impressoras – Apesar da tendência cada vez maior de

enviarmos tudo digitalmente. Você precisa ter uma impressora no escritório. Escolha a que tenha o melhor custo beneficio.

c) Scanner – Se lida com muito documento físico (papel) é uma boa pedida ter um no escritório.

d) Internet – Não tem como não ter. Neste quesito, quanto mais velocidade melhor. Mas busque o melhor serviço no preço certo.

e) Telefone – Aqui entra a dobradinha telefone fixo e celular. Mas se você fica mais na rua do que no escritório. Tenha apenas uma linha celular. No caso do fixo, precisa ser exclusivo para o trabalho e ter de preferência uma secretaria eletrônica acoplada.

A dobradinha celular e WhatsApp é campeã. Divulgue sempre para os seus clientes e fornecedores.

f) Material de escritório – Deixe tudo a mão. Caneta, lapiseira, borracha, calculadora, etc...

2) O trabalho diário

Se você já trabalhou para uma empresa. Uma das coisas

que você precisava ter cuidado era com a sua hora de chegar e de ir embora. Então, na sua empresa, precisa ser do mesmo jeito. Todos os dias precisam começar e terminar no mesmo horário. Não existe esse negócio de trabalhar mais. Se você estiver se matando em muitas horas de trabalho para manter a empresa. Significa que você está sendo muito ineficiente.

Entenda, você já está em casa. Seu ritmo de trabalho deve ser o mesmo de antes e não maior.

Como fazer: Defina o seu dia a dia de segunda a sexta.

Hora de acordar / Banho / Café

Primeiro turno – Manhã – Quatro horas

Almoço – Uma hora

Segundo turno – Tarde – Quatro horas

Com oito horas de trabalho de segunda a sexta, você da conta do recado.

Vai sobrar algumas horas no seu dia. O que fazer?

Estudar, ler, passear com o animal de estimação, o que

você quiser. Este tempo é seu, aproveite e viva.

3) Vestuário

Uma coisa que sempre funciona é você ter um tipo de uniforme de trabalho para quando está em casa. Assim você sinaliza para os seus familiares e principalmente para você, que naquele momento está em **Modo Trabalho.** Você pode ir numa loja e comprar cinco camisas da mesma cor e pronto é este o seu uniforme de trabalho em casa.

Diz a lenda que Albert Einstein tinha um armário repleto de roupas iguais. Saía sempre vestido da mesma forma, segundo dizem, ele teria calculado quantos minutos perderia por dia escolhendo a roupa que vestiria. Chegou à conclusão de que perderia anos de sua vida escolhendo roupas. Decidiu banir essa tarefa de sua vida. Roupas iguais foi a solução para ganhar tempo.

Não precisa ser tão radical, mas ter um uniforme diário te ajuda a ganhar tempo.

Homens – Uma camiseta de algodão ou camisa polo e uma calça comprida. Nos pés pode usar um chinelo confortável, mas deixe a mão um sapato ou tênis com as meias dentro.

Qual o motivo?

Se um fornecedor ou cliente passar na sua porta e tocar a sua campainha. Basta colocar o sapato e ir atender.

Nada de ficar largado em casa. Barba e cabelo sempre feito.

Se quiser ficar de bermudas, devido ao calor, use uma que seja neutra e que combine com a sua camisa. O importante é que você esteja apresentável.

Haja como se estivesse trabalhando em um escritório na rua. Com o tempo, vai virar uma rotina e todo mundo vai saber que você está trabalhando mesmo.

Mulheres – A mesma regra. Use uma roupa que lhe seja confortável e se faça a seguinte pergunta:

Posso sair agora com esta roupa? Se responder sim. Está valendo.

Nada de roupas rasgadas e desfiadas. Esta moda é para passear, não para trabalhar.

Entendam – Agora vocês são Empresários, não importa o tamanho da empresa. Ajam como tal.

ESCRITÓRIO COMPARTILHADO

Uma outra forma de se começar um negócio é com o compartilhamento de escritório. Neste caso, você pode procurar um colega ou buscar anúncios de profissionais que queiram dividir o custo do escritório. Se o imóvel for alugado, procure saber se no contrato de locação existe a possibilidade de sublocação. Se não tiver nada escrito, faça antes uma consulta ao proprietário ou administradora deste imóvel para não ter problemas. Vencida esta etapa é possível inclusive tirar os documentos de sua empresa por este endereço. Seu contador vai te orientar.

Veja as Vantagens:

a) Redução de custos, dividir é melhor que pagar sozinho.

b) Se já tiver os móveis e a infraestrutura de internet você ganha velocidade para começar a empresa.

c) Como é uma sublocação, é mais fácil de encerrar o contrato e ir para outro espaço.

d) Dependendo do ramo do outro colega. Pode acontecer de você ganhar novos clientes dentro da casa e vice-versa.

Veja as desvantagens:

O espaço pode ser muito barulhento, ou ter muita movimentação de pessoas. Dependendo do seu ramo, pode atrapalhar bastante. Analise a movimentação do escritório antes de fechar esta parceria.

EMPRESA NÔMADE

Com o apoio de muita tecnologia é possível ter uma empresa nômade. O que é isto?

Sua empresa pode ficar registrada e guardada junto com o seu contador. Sendo assim, vai ser o endereço do escritório dele que vai receber quaisquer notificações ou intimações para a sua empresa.

Sua empresa só existe de fato na internet, por meio de um site e toda e qualquer comunicação é feita por e-mail e/ou celular.

Este formato é muito usando por aqueles que geram conteúdo digital para outras empresas. Como não se precisa ficar parado em um único lugar. O profissional, fica livre para trabalhar em qualquer canto do planeta. Tudo o que se precisa é que exista uma conexão com a Internet.

Muitas áreas profissionais já estão migrando para este formato. Com o aumento da digitalização de diversos conteúdos e o uso de inteligência artificial nos sistemas.

A tendência é que tenhamos muitas empresas somente digitais.

Não sendo mais necessário estar todo mundo no mesmo espaço. O empresário deste novo milênio e seus colaboradores trabalharão única e exclusivamente dentro deste universo digital. Teremos então um impacto significativo na forma do trabalho como a conhecemos.

USANDO COWORKING

Seguindo as tendências do trabalho autônomo e livre (freelancer) e das empresas enxutas (Startups) Uma nova modalidade de uso do espaço corporativo é o coworking que também pode ser chamado de co-working, ou cotrabalho, Este formato é um jeito novo de pensar o ambiente de trabalho. A premissa aqui é o compartilhamento de espaço e dos recursos de um escritório, sendo assim, veremos neste espaço pessoas que trabalham não necessariamente para a mesma empresa ou na mesma área de atuação. É um formato utilizado por muitos profissionais autônomos para solucionar o problema de isolamento do modelo de trabalho em casa (Home Office).

Veja as vantagens:

1) Uma excelente alternativa para se fazer novos contatos de negócios através de uma nova rede de relacionamentos (networking).

2) Oportunidade de oferecer e/ou contratar serviços mutuamente.

3) Vários formatos de pagamento de uso do espaço. Pode

ser por hora, por dia ou por mês. O que te permite ir se ajustando a medida que a nova empresa vai crescendo.

4) Muitos destes centros permitem que o endereço fiscal da empresa seja neles. Inclusive podem ter um ramal exclusivo para o seu negócio. Onde a recepcionista atende a ligação já usando o nome de sua empresa.

5) Possuem salas de reunião e muitas possuem até sistema de videoconferência.

Veja as desvantagens

1) O custo pode ser um fator inibidor, depende muito da região onde está localizado.

2) Não conseguir agendar sala de reunião no horário que precisa.

3) Não conseguir usar o espaço. Se optar por um plano de pagamento mais simples.

OFICINAS / INDÚSTRIA

Para uma boa organização de uma oficina / indústria. Devemos estar atentos a seguinte divisão do espaço.

Escritórios – Devem ser sempre na frente. Nele será feito o trabalho burocrático e o atendimento ao cliente. Se possível deve ser fechado e possuir algum tratamento acústico para que o som da oficina não incomode a rotina do escritório. Deve-se ter um banheiro exclusivo para o escritório. Este será usado também pelos clientes.

Estoque – Tudo que é matéria prima ou produto acabado. Deve ser guardado no estoque ou área aberta especifica para isso. Sempre demarcada.

Oficina – Deve ser arejada e bem iluminada. Ferramentas sempre organizadas. Na oficina somente pessoas e coisas que estão envolvidas no processo da mesma. Evite o trânsito de clientes e fornecedores por estas áreas. Deve-se ter um vestuário com banheiro exclusivo para os funcionários.

Ter uma planta baixa das instalações, fica mais fácil para visualizar como vai ficar a organização física da empresa.

QUIOSQUES

Espaços pequenos que comercializam produtos. Devem ser extremamente organizados. Normalmente, todo o estoque fica exposto para o cliente. Arrumação e limpeza deve ser diário.

Quando mandar fazer o seu quiosque, procure um fornecedor que possa te entregar uma planta humanizada. Diferente das plantas técnicas usadas nos documentos de projeto para construção, a planta humanizada é didática e agradável aos olhos, permitindo que as pessoas compreendam o projeto e tenham uma noção real de como vai poder organizar o espaço. Assim, você economiza dinheiro e aborrecimento. O espaço já é pequeno, sendo mal desenhado, não vai gerar lucro. Seja cuidadoso.

LOJAS

Para que tenha uma boa organização de sua loja. Devemos estar atentos a seguinte divisão do espaço.

Vitrines – Seu cartão de visitas, deve ser sempre bonita e com novidades. Vitrines devem ser dinâmicas, mexa nela toda semana.

Loja – Deve ser bem iluminada, arejada e de fácil acesso. Tudo deve estar a mão do seu cliente. Visite várias lojas e traga ideias que possam diferenciá-la da concorrência.

Estoque – Se a loja for o estoque, procure deixar bem-arrumado e agradável aos olhos. Se tiver um estoque a parte. Este deve ser sempre bem organizado.

Escritório – Que pode ser uma simples mesa dentro do estoque. Mas procure ter armários ou gavetas que possam ser trancados. Documentos da empresa, não devem ficar expostos. Seja organizado.

Ter uma planta baixa das instalações, fica mais fácil para visualizar como vai ficar a organização física da empresa.

FRANQUIAS

Se você tem pouca experiência de mercado ou gostaria de queimar etapas e ter logo um negócio consolidado. Comprar uma franquia pode ser a sua resposta.

Franquia ou franchising é um sistema de venda licenciada na qual o franqueador, aquele que é o detentor da marca, cede, ao franqueado, aquele fica autorizado a explorar a marca, todo o conhecimento e direitos de uso para que possa explorar o negócio em uma região pré-definida em contrato. Uma franquia pode ser de serviços, venda de produtos ou ambos.

Existem três tipos:

Franquia de distribuição - Onde o franqueado tem direto a comercializar um produto ou produtos fabricados pelo franqueador. Tendo assim, suporte de assistência técnica e comercial.

Franquia de serviços - Neste tipo, o franqueado presta serviços, utilizando a marca ou o nome comercial do franqueador e tem todo o suporte técnico e comercial do mesmo.

Franquia de indústria – Aqui o franqueado tem permissão de fabricar em suas instalações o produto que é comercializado pelo franqueador, inclusive usando a sua marca no mesmo.

Com relação a custo. Temos franquias relativamente baratas e outras que requerem um alto investimento por parte do interessado.

Quais as vantagens?

a) Facilidade de abertura de um negócio sem a necessidade de muita experiência no ramo;

b) O risco é menor, já que o conceito de negócio está testado e aprovado;

c) Você já entra no mercado usando uma marca que já tem notoriedade no mercado;

e) Todo o processo já está montado e você só vai precisar de treinamento para você e a sua equipe.;

f) O uso de canais de distribuição e logística já existentes, o que permite a ter preços competitivos e ganhos de escala;

g) Todas as experiências são compartilhadas na rede de

franqueados o que permite que os investimentos sejam avaliados por todos.

Todo ano, existem feiras de franquias. Pesquise na internet as datas destes eventos em sua cidade e participe de uma para que possa ter contato com este modo de empreender.

CHEGAMOS AO FIM?

" Sua limitação está apenas no espaço entre duas orelhas. Acredite no seu potencial e faça a sua vida valer a pena..."
Mac Dowell

Longe disto, na verdade, você está apenas no começo desta estrada. Cabe a você agora, analisar o que foi aprendido e escolher como vai percorrer este caminho da melhor forma possível. Confie na sua intuição, mas use a informação para chancelar o que vai fazer.

Empreender é isto, um misto de aprender e fazer. Quanto mais aprender, menos vai errar. E quanto mais fizer, melhor vai ficar.

Desejo que tenha muito sucesso nesta nova empreitada. Acredite sempre em você...

Muito obrigado...

ANEXO – SIMPLES NACIONAL

Criado no ano de 2007, o Simples Nacional é voltado para facilitar o processo de pagamento de impostos, já que, anterior a seu surgimento, além de as alíquotas não serem favoráveis, o Empreendedor devia pagar cada imposto separadamente, o que tornava o processo mais complicado e dispendioso. A partir de 2018, entretanto, novas regras entraram em vigor. Elas alteraram, sobretudo, o limite de faturamento e a forma de cálculo do Simples Nacional.

A adesão ao regime de tributação do Simples Nacional é facultativo. A empresa não é obrigada a fazer parte desse programa.

A Lei Geral foi instituída pela Lei Complementar Federal nº 123 de 2006, também denominada Estatuto Nacional da Microempresa e da Empresa de Pequeno Porte, para tornar oficial o tratamento dado pelo Estado a esse setor. Tem o objetivo de facilitar o desenvolvimento e a competitividade da ME, da EPP e do MEI, para desta forma, incentivar geração de empregos, a inclusão social, a diminuição da informalidade, a distribuição de renda e o crescimento da economia.

Os principais dispositivos da Lei Geral são:

- Criação do Simples Nacional;
- Permite o registro e a legalização simplificada de empresas;
- Cria um tratamento diferenciado para a micro e pequena empresa;
- Tratamento mais diferenciado para o MEI;
- Passa a permitir a participação das micro e pequenas empresas em licitações públicas;
- Permite acesso ao crédito e à capitalização;
- Gera o incentivo à inovação;

lançado em 30 de junho de 2007 o Simples Nacional é um regime tributário simplificado, direcionado para as micro e pequenas empresas. Com este novo procedimento houve a unificação do recolhimento de todos os impostos federais, estaduais e municipais em uma única guia, o DAS (Documento de Arrecadação do Simples Nacional).

São estes os impostos unificados a partir da sua criação:

- INSS patronal (Instituto Nacional de Seguridade Social).

☒ CSLL (Contribuição Social sobre o Lucro Líquido);

☒ PIS (Programa de Integração Social);

☒ COFINS (Contribuição para Financiamento da Seguridade Social);

☒ ICMS (Imposto sobre Circulação de Mercadorias e Prestação de Serviços);

☒ ISS (Imposto sobre Serviços de qualquer natureza);

☒ IPI (Imposto sobre Produtos Industrializados);

☒ IRPJ (Imposto de Renda de Pessoa Jurídica);

O Simples Nacional, calcula a alíquota a ser paga de acordo com o faturamento bruto da empresa, . Deve-se ficar atento a possíveis mudanças neste teto a cada ano. Em virtude destas mudanças de valores anualmente, não colocamos aqui nenhuma tabela. Acesse as tabelas atualizadas no site da Receita Federal.

A adesão ao Simples Nacional, deve atender aos seguintes requisitos:

☒ Na Tabela do Simples devem constar as atividades

desenvolvidas;

- A empresa deve estar quite com suas obrigações junto ao governo;
- Para o Micro Empreendedor Individual (MEI), faturamento máximo bruto anual de acordo com o estipulado pela Receita Federal.
- Microempresa (ME), faturamento máximo bruto anual de acordo com o estipulado pela Receita Federal.
- Empresa de Pequeno Porte (EPP), faturamento máximo bruto anual de acordo com o estipulado pela Receita Federal.

Em alguns Estados da federação os valores são diferenciados de acordo com o limite do faturamento permitido para as EPP, Veja os valores atualizados no site da Receita Federal.

São estes os estados: Alagoas, Acre, Amapá, Maranhão, Mato Grosso, Mato Grosso do Sul, Pará, Piauí, Rondônia, Roraima e Tocantins.

RESTRIÇÕES AO SIMPLES NACIONAL

Empresas que não podem participar deste programa

- Que tenha auferido, no ano-calendário de início de atividade, receita bruta no mercado interno superior ao limite proporcional de R$ 300.000,00 multiplicados pelo número de meses em funcionamento no período, inclusive as frações de meses, ou ao limite adicional de igual valor para exportação de mercadorias e serviços;

- De cujo capital participe outra pessoa jurídica;

- Que seja filial, sucursal, agência ou representação, no País, de pessoa jurídica com sede no exterior;

- De cujo capital participe pessoa física que seja inscrita como empresário ou seja sócia de outra empresa que receba tratamento jurídico diferenciado nos termos da Lei Complementar nº 123, de 2006, desde que a receita bruta global ultrapasse o limite de R$ 3.600.000,00;

- Cujo titular ou sócio participe com mais de 10% do capital de outra empresa não beneficiada pela Lei Complementar nº 123, de 2006, desde que a receita bruta global ultrapasse o limite de R$ 3.600.000,00;

☒ Cujo sócio ou titular seja administrador ou equiparado de outra pessoa jurídica com fins lucrativos, desde que a receita bruta global ultrapasse o limite de R$ 3.600.000,00;

☒ Constituída sob a forma de cooperativas, salvo as de consumo;

☒ Que participe do capital de outra pessoa jurídica;

☒ Que exerça atividade de banco comercial, de investimentos e de desenvolvimento, de caixa econômica, de sociedade de crédito, financiamento e investimento ou de crédito imobiliário, de corretora ou de distribuidora de títulos, valores mobiliários e câmbio, de empresa de arrendamento mercantil, de seguros privados e de capitalização ou de previdência complementar;

☒ Resultante ou remanescente de cisão ou qualquer outra forma de desmembramento de pessoa jurídica que tenha ocorrido em um dos 5 anos-calendário anteriores;

- Constituída sob a forma de sociedade por ações;

- Cujos titulares ou sócios guardem, cumulativamente, com o contratante do serviço, relação de pessoalidade, subordinação e habitualidade;

- Que explore atividade de prestação cumulativa e contínua de serviços de assessoria creditícia, gestão de crédito, seleção e riscos, administração de contas a pagar e a receber, gerenciamento de ativos, compras de direitos creditórios resultantes de vendas mercantis a prazo ou de prestação de serviços (factoring);

- Que tenha sócio domiciliado no exterior;

- De cujo capital participe entidade da administração pública, direta ou indireta, federal, estadual ou municipal;

- Que possua débito com o Instituto Nacional do Seguro Social (INSS), ou com as Fazendas Públicas Federal, Estadual ou Municipal, cuja exigibilidade não esteja suspensa;

- Que preste serviço de transporte intermunicipal e

interestadual de passageiros, exceto quando na modalidade fluvial ou quando possuir características de transporte urbano ou metropolitano ou realizar-se sob fretamento contínuo em área metropolitana para o transporte de estudantes ou trabalhadores;

☒ Que seja geradora, transmissora, distribuidora ou comercializadora de energia elétrica;

☒ Que exerça atividade de importação ou fabricação de automóveis e motocicletas;

☒ Que exerça atividade de importação de combustíveis;

☒ Que exerça atividade de produção ou venda no atacado de: cigarros, cigarrilhas, charutos, filtros para cigarros, armas de fogo, munições e pólvoras, explosivos e detonantes, bebidas alcoólicas e cervejas sem álcool;

☒ Que realize cessão ou locação de mão de obra;

☒ Que se dedique ao loteamento e à incorporação de imóveis;

☒ Que realize atividade de locação de imóveis próprios, exceto quando se referir a prestação de serviços tributados pelo ISS;

☒ Com ausência de inscrição ou com irregularidade em cadastro fiscal federal, municipal ou estadual, quando exigível.

IMPORTANTE: várias atividades desenvolvidas pelas empresas ou pelos microempreendedores individuais são vedadas de aderir ao Simples. Portanto, é importante consultar a Tabela de atividades permitidas antes de considerar a sua adesão.

Quais as vantagens?

São vários os benefícios daqueles que aderem ao regime de tributação em questão, dentre os quais, podemos destacar:

- ☒ Menor tributação, quando comparada a outros regimes;
- ☒ Facilidades no pagamento, devido à unificação em uma única guia;
- ☒ Atendimento mais rápido e menos burocrático;
- ☒ Participação diferenciada das micro e pequenas empresas em licitações públicas;

- Isenção da apresentação de determinados documentos, como o Demonstrativo de Apuração das Contribuições Fiscais (DACON) e a Declaração de Débitos e Créditos de Tributos Federais (DCTF);
- Proteção por lei em alguns aspectos, como a existência de regras que favorecem os micro e pequenos empreendedores no protesto de títulos;
- Redução dos custos trabalhistas; M
- Maior facilidade na contabilidade da empresa;
- Possibilidade de constituição de Sociedade de Propósito Específica (SPE).

Quais as devantagens?

O Simples Nacional também possui algumas desvantagens, dentre as quais podemos citar:
- O cálculo é realizado com base no faturamento, então você deve pagar o imposto independentemente de ter tido lucro ou prejuízo;
- Não se tem na nota fiscal o valor que está sendo pago de ICMS e IPI;
- De acordo com o do ramo de atividade, a alíquota a ser paga pode ser muito alta;

☒ Limite de faturamento bruto anual pode desencorajar a empresa a crescer.

É importante que o empresário avalie junto com o seu contador as vantagens e desvantagens dos regimes de tributação existentes, para que escolha aquele que seja mais vantajoso para o seu negócio.

Como ingressar?

As possibilidades de ingresso no regime de tributação do Simples Nacional são as seguintes:

Empresa em início de atividade - Primeiramente, a empresa deve se inscrever no CNPJ. Após realizar a inscrição, o empreendedor tem o prazo de 30 dias para aderir ao Simples Nacional. Caso esse prazo seja ultrapassado, o empreendedor só poderá fazer o cadastro no programa no mês de janeiro do ano seguinte.

Empresa já existente - Para essas companhias, a adesão ocorre anualmente, em todos os dias úteis do mês de janeiro. Também existe a possibilidade de o empresário realizar um agendamento, em qualquer momento, para indicar o interesse de aderir ao programa no ano seguinte. Assim, o contribuinte terá mais tempo para regularizar eventuais pendências. Portanto, após ponderar sobre as vantagens e desvantagens de adesão ao Simples Nacional, adote os procedimentos necessários de acordo com o estágio da sua empresa.

BOA SORTE...

www.ingramcontent.com/pod-product-compliance
Lightning Source LLC
Chambersburg PA
CBHW031435210526
45464CB00005B/2219